AF599733

Cantigas de amiga

lasturaediciones.com
info@lastura.es

Colección Alcalima N.º 234
Dirige la colección: Isabel Miguel

Editado en Madrid, España

Primera edición: mayo, 2024

D. L.: M-10771-2024
ISBN: 978-84-128660-1-8

Impreso en Antequera, Málaga
Printed in Spain

Juana Marín

CANTIGAS DE AMIGA

Prólogo de Eva Gallud

Colección Alcalima de Poesía N.º 234

Prólogo

Eva Gallud

Cantigas de amiga es una recopilación de algunos de los poemas sáficos que Juana Marín ha escrito a lo largo de veinticinco años. No es una cifra desestimable: llevar un cuarto de siglo dedicada a escribir poesía y a perseverar en este género es, cuando menos, un ejercicio de constancia y de resistencia. También puede tratarse de una pulsión insoslayable o un vicio recurrente. A cuál de los motivos obedece Marín no lo sabemos, pero en sus versos podemos intuir la corriente subterránea del deseo de contar, de cantar.

Bajo este título inspirado en la tradición medieval de la poesía amorosa en la que la amada se lamentaba por la ausencia del amado, se reúne una colección de poemas lésbicos en los que la poeta le canta al gozo, al desamor, a la decepción, al deseo. Tras una nota de la autora, el libro se abre con una reinvención del mito de la creación donde Ella crea el mundo y crea una Ella a su imagen, viva y libre, dueña de su cuerpo y de sus actos.

Esa Ella sin nombre –«hermana, compañera, amada, amante compartida»–, amiga a quien se cantan estos versos amorosos, va tomando diversas formas, encarnando las distintas mujeres que dejaron marca en la historia de Marín.

La primera intención críptica de algunos de los poemas –ese no dejar claro a quién va dirigido, enmascarando la voz o el objeto de deseo–, desaparece en este nuevo contexto en el que Marín los inscribe y aporta una nueva dimensión en la que la poeta explora, por segunda vez, el universo del deseo y el amor lésbico, solo que en esta ocasión lo hace desde una ventana abierta al exterior. Ya no necesita, no quiere esconder nada entre los pliegues de las palabras.

El paisaje de su juventud manchega está impreso en muchos poemas –las menciones al vino y sus procesos, los viñedos, los surcos–, pero también las imágenes urbanas del Madrid donde habita más tarde –calles húmedas de madrugada, noches de acero–. Esta poeta que durante unos años cuidó abejas y elaboraba una miel deliciosa (doy fe de ello), no se olvida tampoco del mundo natural: ciervos, panteras, lechuzas, gatas, árboles y hongos salpican los poemas para clavar el colmillo o la espina ahí donde la carne es más tierna.

En esta selección encontraremos poemas brevísimos y certeros como alfileres; versículo, verso libre y prosa poética; también sonetos de perfecta compostura, coplillas salerosas y, sobre todo, un dominio del ritmo y la musicalidad que, incluso en una lectura en voz baja, repiquetea en nuestros oídos. Es imposible no pensar en Gloria Fuertes al leer a Juana Marín, por su facilidad con la rima y por su humor, amargo en ocasiones.

A pesar de no obedecer a un orden cronológico, parece que los poemas sí estén colocados conforme al ritmo de sanación de las heridas amorosas que los provocaron, moviéndonos desde las cicatrices ya apenas visibles hasta llegar a aquellas más tiernas que, sin embargo, no tienen por qué corresponder a los rasguños más recientes.

Cierra Marín sus *Cantigas de amiga* con una biografía donde enumera gozos y golpes, risas, muertes y supervivencias. «Entonces no sabía que el amor era tan amplio», nos cuenta. Con el tiempo, a través de amores y desamores, amadas y desamadas, caídas y levantamientos, la poeta consigue expandir su universo y encontrar en él su lugar. Una vez hallado, mira hacia atrás y nos cuenta en estos poemas de media vida «[u]na trayectoria que quiere ser escrita porque ha existido y existe».

Por eso es urgente acercarse a los versos de Juana Marín y sus *Cantigas de amiga*, porque son una declaración, no solo de amor, sino también de intenciones. Una reafirmación en su voluntad de no dejarse callar ni ser empujada al margen. Porque no podemos esperar a que nos den permiso para contarnos y celebrarnos. Como dice la autora: «No se haga tarde, puesto que antes o después arde la carne».

Madrid, 19 de febrero de 2024

Otro libro sáfico ocupará vuestras librerías

Que a nadie importa tu sexualidad es algo que repiten quienes consideran que ya ocupas un espacio suficiente en los márgenes, e incluso en el mismo centro, si juegas las reglas tácitas de los afectos y deseos. Precisamente, por esa sensación de tener que pedir permiso hay que revelar las distintas identidades como parte de hecho y de derecho del mundo que gozosamente habitamos. O si no, que nos pregunten a nosotras, a nosotres, personas queer, por qué tenemos que aceptar como natural la idea asumida de amor romántico como aspiración única y válida de relación. ¿No deberíamos decir, acaso y por poner un sólo ejemplo, que ya tenemos suficientes telefilms de chica estresada de ciudad que regresa al pueblo y se enamora del cowboy de turno?

Este libro recoge los conflictos, deseos, afectos y apegos entre una mujer y las mujeres que la han habitado, desde una juventud pueril hasta este momento llamado mediana edad. Una trayectoria no lineal, no fechada, no numerada, que quiere ser escrita porque ha existido, y existe, antes de que quieran arrebatárnosla.

En el principio todo era caos y vacío, tenue latido, temblor. Su mano cubría el abismo y el espíritu de Ella se cernía sobre las aguas.

Dijo Ella:

—Haya luz.

Y hubo luz. Vio Ella que la luz era buena, y separó con sus dedos las grietas palpitantes. Ella vio que era bueno. Sopló sobre la hierba, se derramaron la risa y el llanto. Ella lo llamó Deseo. Invocó al día, llamó a la noche. Hubo tarde y hubo mañana: día primero.

Entonces dijo Ella: "Que se unan las aguas y la tierra", y eso fue lo que sucedió. Ella se manchó las manos con el barro que formó en ese espacio de unión entre las aguas y la tierra. Vio Ella que era bueno.

Entonces Ella dijo: "Unifiquemos el caos, el tenue latido, el temblor, la hierba, el soplido, la risa y el llanto, llenemos de barro las manos". Ella lo llamó gozo, orgasmo, resurrección. Y vio

Ella que era bueno. Invocó al día, llamó a la noche. Hubo tarde, hubo mañana. Día segundo.

Entonces dijo Ella: "Hagamos a alguien a mi imagen, para que sea como Yo. Ella gozará de su cuerpo y del mío, Ella será Ella, suya, Ella, Ella gozará de los peces que habitan los vasos vasculares de su cuerpo y del mío, de las aves que lo picotean, de las bestias salvajes correteando por las entrañas". Y no le puso nombre, pero vieron Ellas que era bueno. Sucedió el día, llegó la noche. Hubo tarde y hubo mañana. Siguiente día de la creación.

La llamé hermana, *sister*, compañera, por no decir amante.

De todas las infieles, yo fui el árbol, reconstruida leña viva.

Después le dije:

amada, derrama el vino rebosante de las otras en mi amplia boca

para probar este deseo expandido en todo lo que tocas.

Así aprendí a nombrarte: hermana, compañera, amada, amante compartida.

No se haga tarde, puesto que antes o después arde la carne.

Primer mandamiento:
No mojarás el papel formado con los anillos de
[mi tronco.
De este árbol yo creé una hoja discontinua con
[sus puntos de cisura
y sus borrones.

De este árbol, de este proyecto de típex, inerte,
[a veces seco,
pero vivo bajo las enredaderas,
he creado un cuaderno donde acoger una risa de
[alguien,
una risa cualquiera.

No compitas con la transparencia del aire, con la fortaleza del nido construido sobre el campanario ni con el agudo dolor de tu juicio.

No compitas con tus hermanas, ni con la sigilosa gata que me asea por las mañanas.

No compitas contigo, pero tampoco conmigo.

Todo se reduce a los caninos desgastados de la
[mujer pantera.
Si ya no puedo morder tus nalgas –esta es la
[revelación–,
si ya no puedo mostrar la furia carnívora,
si me acostumbro a la mansedumbre rana,
si le saco la lengua a los mosquitos,
aléjame de ti
para que pueda lamer la hierba de otras.

Suena desde aquí el lamento gutural de la berrea.

Canta el ciervo rojo tu nombre y cree que es
[música este bramido angustiado.

Cierro las puertas y las ventanas por no querer
[oír el ruido de otro deseo.

Pero ¿quién dijo que habría armonía y silencio,
[ritmo pausado en la respiración?

¿Quién dijo existencia templada cuando quiso
[decir raíz que se extiende y que te abraza?

Ábrete, diré, a las horas de la luz:
Otra vez la barandilla, otra vez el equilibrio,
[otra vez las acrobacias,
el descuelgue de las cuerdas, el violín
[desentrenado, los platillos,
la zambomba, el organillo, y las notas
[discordantes, chirriantes de la orquesta,
aguadefiestas,
amarillentas, desentrenadas, y la jirafa, el
[hipopótamo, los jabalíes o las gallinas,
saxofonistas *desempulmadas* y tanto vértigo
[bajo el estruendo.
Revientaoídos, revuelamores, raquititiemblos.
¿Y para cuándo la música?

Cuando
una calle húmeda se filtra por el cuerpo
como
cánula inyectada de diluvios
–madrugada–
unas buscan refugiarse bajo el porche
donde
otras se recrean navegando.

Elige:
Cuando vengas por la calle madrugada
como buzo sin oxígeno a buscarme,
entonces,
quizás…
donde otras se recrean navegando.

Me queda pequeño el vestido aquel que me
[regalaste.
La cabeza –por las mangas, confundida–, asoma
[su inusual grandeza.
No querrás prestarme unas tijeras.

De pronto la música la canción que te mueve te levanta del sitio te penetra te alcanza ingrávida sola y te sigue te sigue latiendo la voz se hace eco de algunos impares que rumian sus fuerzas que miden y miden el ritmo los pasos los pasos no avanzan ni tienen destino bailemos. Si bailas conmigo te muevo me sigues te alcanzo me alzas ingrávida llena siguiendo siguiendo latiendo. Mastica la música si acaso te alejas bailando de noche la calle despliega su alfombra y te cede te cede te vuelve a los nones impares inversos distinto el concierto. De pronto el motivo que aclara te aclara lavando la cara la lluvia tu noche espesa de amores que siguen te siguen pulsando las teclas tañidas por dedos en una bañera repleta de lluvia gastada gastada y tácita muda la música calla.

O
Y a pesar de...
la cercanía
no has llegado ni a recuerdo.
Río seco
o
batalla
o
la ira de la uva.
Toda calle regresa fermentada
a erigirte, ah,
mientras succionas
los caídos pechos de tus antepasadas.
Ah, la intemperie. Oh, amplias lunas.
O,
y a pesar de
las ganas de volver.
O
lo que sea.

Lo único que quería era transitar a bordo
del minúsculo filo de una hoja de hierba,
esquivar los surcos
por donde las arrugas pliegan
el abrazo-mentira-
mentiroso abrazo.

Lo único que pretendía era no hundirme
en contradicciones ni atragantarme
con alimento ajeno, aprovechar el impulso
de los balcones.
Pero alguien toma un silencio prestado
y le roba trágicas lenguas,
enmarañadas, plásticas lenguas.

¿Cómo pueden decirme
cómo contarlo?

¿Cómo pueden ponerle rejas a las entrañas,
tapiar las vísceras a cal y canto,
cómo van a segar el erizado vello,
cómo
velar la furia,
ceñir las medias a una garganta?

Pásame la sal silente de tus labios
o la mitad del tiempo
que calla en los manteles.
Sazóname, pedí,
sobre un plato vacío
y pruébame a la vez
que el paladar estalla.
No más guerras
de olores, sabores y deseos,
no más bailes de especias
girando en la cocina.
Si me quieres, dijiste,
ven al lecho conmigo,
donde un bote de sal
no querrá interrumpirnos.

No describiré tus formas de avión
bajo las sábanas
ni la manera de alzarte…
El torso desbocado
tus ventanas
los cuencos incendiarios
o la boca
No diré
(…)
acaso esta mañana
la tempestad me tira de la lengua
¿Y para qué contar con unos dedos?
Que la poesía no plagie los instantes.

Me está naciendo un hueso que roer:
Reencarnación de carencias,
simulacro de olvido.

Por falta de un gallo para despertar,
buenos son tus ojos
golpeándome
con el canto más triste.
Si te vas,
no te olvides de llamarme,
puntual como el gallo,
no sea que me quede
en un beso dormida.

Qué gusto cuando van los ingredientes
mezclándose a la par de mi desvío,
la salsa la haces tú si yo te envío
los jugos diluidos entre dientes.
Mezclémonos, amor, queda pendiente
el chorro de limón, con mucho brío
tapemos y salvémonos del frío,
no sea que se nos corte lo presente.
Si sobra, te lo doy para mañana,
si falta, me lo quitas, ya veremos
si pongo un poquito más de ganas.
Ni doy ni quito pan, me llamo Juana,
aunque eso te de igual. Nos entendemos
así, y lo que no te enferma, sana.

Somos cuerpo
de carne o de titanio, de raíces o de hojas, de
plástico o de agua, de hongos, de neuronas.

Siempre cuerpos entregados al nido vacío
donde cayó su nombre.
Aliméntame, amor, vuélame adentro, que con
tu pico lechuzo me colme, cortejo de plumas.
Pero tú, ¿por qué vienes a rondarme?

Noche:
Levanta la liebre voluptuosa que se intuye bajo su blusa para que se llenen mis manos y su boca. Que caigan los frutos del granado para que yo me calle, que me hable.

Te dije, o no, quizás lo pensara, que iba a
[desaparecer/
para/ que/ no fueras condescendiente
—Para
—¿Qué?
con la nueva manera de arrimarme a los muros,
de que me pise la calle mientras camino líneas
[zigzagueantes.
No quiero que veas, te dije, o no, quizás lo
[pensara,
este proyecto fallido de mujer jocunda, esta
vieja promesa lanzada a los ríos de Hildegarda.
No hay derecho, te dije, o no,
a que tengas que ver mi mansedumbre, a que
te veas obligada a decirme:
todo irá bien y todo pasa.

La transparencia de un rostro que no veré mañana
caer hacia los surcos candentes de mi cuerpo.
Te presentas al trasluz del umbral del teléfono
o me vuelas misterios entre la almohada.

El opaco calor que evapora tu agua
hace vaho en el espejo donde yo quiero verte
y el tapiz va cubriendo un delirio tras otro
o cegando a la luz que naciera en tu frente.

Devuélveme a la tierra,
donde pueda alcanzarte y sacúdeme el polvo
de los hormigueros. Límame los residuos
tisulares del torso. Tiéndete en mi costado,
amanece conmigo.

Y a veces compro el pan y me confundo
y no sé si hay ojales en la miga
donde abrochar el punto de la liga
que sujetó mis medias a tu mundo.

Si esto es surrealista o moribundo,
que venga alguna experta y que me diga
cómo contar la historia, sin fatiga,
del terminal amor. No es tan profundo

lo de quitar las raspas del pescado
aunque el dolor sea un róbalo podrido
desafiando al tiempo en el mercado.

Para contar el fin: el alarido,
el vaciarse entera, haber llorado
sin que se note apenas un graznido.

Aparta el aguardiente de sus ojos mansos,
que otrOs vendrán para vahar la hora donde el
[delirio aguarda.

Para vaharla.
Ahora.

Aparta de sus ojos no tan mansos de sus ojos
[caen alfombras
de aladinos y zahoríes o princesas no tan
[mansas las princesas
y una lámpara embrujada cabalgándole en el rostro
que otrOs vendrán mamá para cegarla.

Y te dirá que guardes esa fábula encantada
y la alfombra de Aladino el aguardiente o la
[ternura no tan mansa
la ternura por si otrOs le llegaran con el cuento
[de cegarla.

Que la guardes la ternura y la regreses a sus ojos.

Que otros vendrán, mamá, para vaharla.

Ahora, para vaharla.

Y aparta los humores como lágrima escanciada
que cayera de su boca.
Y si quiere detenerse delirando en la barbilla
este ensayo de sollozo esta lágrima escanciada
[por bufones
y aladinos o zahoríes o princesas no devuelvas
[a sus labios
lo que fue del aguardiente.

Porque otros vendrán, mamá, otros vendrán a
[vaciarla.

Cuando escribo puerta, puedo decir puerta, pero también abierta, habitación, ruina.

Sé más clara, Juana.

Si escribo puerta de madera agrietada, finado del bosque que se ancla en el dintel de mi casa, víctima de la carcoma y del olvido, ¿querrás entenderme?

¿A dónde vas?

Si cierro la puerta tras de mí y te quedas afuera sin llamar, quiero decir *puerta*, pero también elige, caminante indecisa y aturdida.

¿Cómo quieres que te lo diga?

Un dolor agudo entre las falanges me advierte que no debimos usar las esdrújulas con tanta ligereza. Ese juego pueril de lanzar los estrambóticos cánticos como patéticos espantapájaros no pudo sustituir a la redonda y plena luna yema de los dedos.

Aquella casa helada olía a lejía como las manos de las mujeres que volvían del cementerio a primeros de noviembre. El amor era recordar a nuestros muertos y huir del frío en la pequeña habitación donde esperabas con tu perfume de *winston.* Todo era cálido y feo.

Alabo la lentitud de las magnolias y a sus espectadoras.

La voluntad emerge ahora que ha nacido de mi tacto una raíz perdida. Tienes piel de pétalo pausado sobre la redondez de mi cuerpo, caes despacio y digo: sorpréndeme con el impacto de tu aurora.

No pidas silencio al verso pueril que emerge de la náusea, escupitajo fértil de Ishtar.

Te necesito…
No, yo no te necesito.
Confieso que respiro si no estás
y que mis pies caminan
sin "la muleta eterna" de tu abrazo.

¿Que si te quiero?
Yo no te quiero,
o no como se quieren a las cosas
–de nadie o mías–
guardadas en el tácito baúl
del poseerse.

Acaso hoy, yo te desee,
igual que el día que me mostraste
la flor salina de tu cantábrico;
o igual que hoy si te atrevieras
a abrir los surcos de mis viñedos.

Mírame ahora,
en un hotel cualquiera
a las seis de la tarde.
Esta habitación no me sabe
a nada:
busco en lo ajeno un aroma distinto.

Sólo hoy, este es mi espacio,
aquí no llegan tu perfume
ni tu paquete de *winston*;
y me pregunto

qué hago ahora escribiéndote.

Puedo imaginar
un nuevo Madrid cada día,
nunca será el mismo
el color de la acera
si se borran al paso
tus pisadas de invierno.

Siempre hay algo que sorprende
o que deja indiferente.

Todo vale
si está fuera del barrio
donde gané los ojos.

Hay noches de acero que atraviesan de veras
el temblar de un aliento.
Olvidados los ruidos, el tiempo y la barra,
decides brindar con el cuerpo de al lado.
Entonces,
se quiebran las copas por un tirachinas
haciéndose añicos el umbral de un deseo:
vertido en el suelo –tan sucio–
el vino que ha de regar la raíz de una boca.

Biografía.
Cómo he llegado hasta aquí nunca lo sabremos.
Qué cuerpo bendito sobreviviría a las pastillas
[un 18 de noviembre,
antes de mi cumpleaños.
Con qué perezosas ganas caminaría hasta la
[buhardilla
para mancharme de tinta cuaderno abajo.
Todos los papeles caerían del techo y todas las
[cartas se perderían.
Entonces no sabía que el amor era tan amplio.
Pero qué cuerpo bendito sobrevivió al encierro
[un 4 de septiembre
con un camello que me quiso para amante o
[para puta.
En qué hora sagrada un 23 de julio amanecí en
[aquel sitio
de habitaciones blancas de pitidos constantes y
[de goteros
después de haberme perdido mar adentro.
Qué pocas ganas tuve, un martes 13 de
[despedirme de M. para siempre.
Cómo dolía la vida cuando le dije a P., un 16 de

[enero, *no quiero volver a verte*
y qué divina comedia dormir con H. en las
[puertas traseras del museo
aquella madrugada de diciembre. Mi vida ha
[sido un salto entre supervivientes,
entre gozos y caídas, amor y muertes,
ninguna heroicidad y mucha poca cosa. Lo de
[siempre.
¿Qué quieres que te cuente?

ÍNDICE

Prólogo (Por Eva Gallud) 9
Otro libro sáfico ocupará vuestras librerías 13

En el principio todo era caos y vacío, 15
La llamé hermana, *sister*, compañera, por no decir amante. 17
Primer mandamiento: 18
No compitas con la transparencia del aire 19
Todo se reduce a los caninos desgastados 20
Suena desde aquí el lamento gutural de la berrea. 21
Ábrete, diré, a las horas de la luz 22
Cuando 23
Me queda pequeño el vestido aquel 24
De pronto la música 25
O 26
Lo único que quería era transitar a bordo 27
Pásame la sal silente de tus labios 28
No describiré tus formas de avión 29

Me está naciendo un hueso que roer 30
Por falta de un gallo para despertar 31
Qué gusto cuando van los ingredientes 32
Somos cuerpo 33
Noche 34
Te dije, o no, quizás lo pensara 35
La transparencia de un rostro que no veré mañana 36
Y a veces compro el pan y me confundo 37
Aparta el aguardiente de sus ojos mansos 38
Cuando escribo puerta, puedo decir puerta 40
Un dolor agudo entre las falanges 41
Aquella casa helada olía a lejía 42
Alabo la lentitud de las magnolias 43
No pidas silencio al verso pueril 44
Te necesito… 45
Mírame ahora 46
Hay noches de acero que atraviesan de veras 48
Biografía 49

Esta edición de *Cantigas de amiga* terminó de imprimirse en Antequera, Málaga, el 13 de mayo de 2024, fecha en la que se conmemora el nacimiento de Daphne du Maurier.